LES
BALLONS

EN

1870

"CE QU'ON AURAIT PU FAIRE,
CE QU'ON A FAIT,

PAR

Nadar

50 centimes

PARIS

Z E CHATELAIN

13, rue du Croissant, 13

1870

(pendant le siège)

Edouard Cassier

Préposé en Chef d'Octroi

Président de la Société des Aéronautes du Siège de Paris

23, Rue Hoche, Bagnolet (Seine)

AUX AÉRONAUTES
U SIÈGE DE PARIS
AUX HÉROS DES POSTES ET TÉLÉGRAPHES
ET DES CHEMINS DE FER _ 1870-1871
A·BARTHOLDI.
MONUMENT
Erigé par Souscription Nationale
SOUVENIR DE PARTICIPATION.
REPROD⁹⁹ INTERDITE

CARTE POSTALE

POSTKARTE - POST CARD - CARTOLINA POSTALE

Ce côté est exclusivement réservé à l'adresse.

M

LES

BALLONS

EN

1870

LES
BALLONS

EN

1870

CE QU'ON AURAIT PU FAIRE,
CE QU'ON A FAIT,

PAR

Nadar

PARIS
CHEZ E. CHATELAIN,
13, rue du Croissant, 13.

1870
(Pendant le siége)

A cette heure de nuit où j'écris, le canon tonne, — et, à chacun des coups qui retentit en moi, je tressaille de douleur et d'infini regret en pensant à tant de sang français versé à flots, et aux immenses services qu'on eût pu obtenir de l'aérostation militaire obsidionale.....

S'il y a quelque involontaire amertume dans ces pages, que ceux auxquels elle remonte la comprennent et que le lecteur la pardonne.

N.

LES

BALLONS

EN

1870

Tous nos journaux n'ont jeté qu'un cri d'indignation à la menace de mort proférée par M. de Bismark contre les aéronautes français.

Je n'en sais rien encore, mais j'affirme que ce cri a déjà trouvé son écho dans toute la presse étrangère. J'entends d'ici cet écho, j'entends le « *shame!* *shame!* » de l'Américain et de l'Anglais lui-même; je l'entends d'une oreille qui ne saura tromper l'homme, tant qu'il y aura sur terre un dernier souffle d'humanité et de justice.

Cette inouïe, invraisemblable menace ne saurait-être expliquée comme une simple manœuvre comminatoire, ainsi que quelques personnes vraiment stupéfiées, on le serait à moins, ont essayé de la traduire. — Tout au contraire, pour qui ne serait-elle pas le plus provoquant, le plus alléchant des défis, parmi les braves gens qui s'offrent avec un si vaillant zèle à conduire nos aérostats!

Il faut donc, si inouïe qu'elle tombe, la ramasser au pied de la lettre, pour peu que l'on connaisse l'ennemi que l'on a devant soi. Pour moi, une fois faite la part d'horreur native qu'on éprouve devant toute monstruosité, cette menace ne m'a point déplu, bien loin de là, et je la trouve précieusement symptomatique d'un trouble réel dans l'abominable cerveau qui a pu la concevoir et osé la formuler. Je ne sais à cette heure ce que l'avenir réserve à mon cher et malheureux pays, je me demande en frémissant si nous avons enfin payé, — car tout se paye ! — le crime de notre exécrable complicité dans nos deux Empires, et si le châtiment non moins mérité ne va pas frapper à son tour la Prusse insatiable et homicide ; en tous cas, j'ai trop vécu pour être optimiste. Mais ce n'est pas pour moi le premier exemple éclatant qu'il n'est rien d'aussi féroce que la peur. D'autres signes m'avaient témoigné de cette peur, qui date déjà d'un peu plus loin qu'hier, et je la vois aujourd'hui sans qu'elle me surprenne ; elle éclate ici, cynique comme un aveu public. — Mais c'est en vue d'autres considérations que j'avais pris la parole.

———

Le 2 avril 1794, *en quatre jours* — on ne perdait pas de temps avec ces gens-là ! — une première compagnie d'Aérostiers militaires était créée sous le commandement de Coutelle, par le Comité de Salut Public. Le Comité de Salut Public avait intelligemment donné à Coutelle, praticien expérimenté, homme sûr à tous les points de vue, plein et exclusif pouvoir de choisir le personnel de ce corps d'élite, et Coutelle avait fait autour de lui son choix parmi tous hommes exerçant des professions participantes à l'aérostatique : géomètres, chimistes, ébénistes, couturiers, etc. — Ce gouvernement improvisé, avec les caisses publiques vidées par les règnes précédents, en même temps qu'il faisait jaillir du sol quatorze armées, dont les soldats n'avaient même pas de sabots, n'hésitait pas une seconde devant une dépense relativement considérable dès lors qu'elle était jugée utile.

Et presque immédiatement, vu l'utilité pratique aussitôt démontrée, une seconde compagnie était organisée, ainsi qu'une École aérostatique au château de Meudon, sous la direction de Conté. Ce merveilleux Conté, dont Guyton de Morvau disait : « Toutes les sciences dans la tête, tous les arts dans la main ! » et qui fit tout, depuis des télégraphes électriques, des machines à frapper les monnaies, des moulins, des baromètres, des ballons, etc.,—et jusqu'aux crayons avec lesquels nos enfants apprennent aujourd'hui à dessiner, ce que savait aussi très-bien Conté pour l'avoir appris comme tout le reste, tout seul et sans maître.

Notre mémoire de Français, si ingrate pourtant, n'a pas oublié tout à fait les immenses services que rendirent les aérostiers militaires à nos armées de Sambre-et-Meuse et du Rhin, à Maubeuge, à Charleroi, Manheim, Erhenbreistein, Francfort, Fleurus, etc.

Nos aérostiers eurent partout par là rude besogne. Toujours en campagne, emportant avec eux leur matériel, ils fabriquaient tout où ils se trouvaient, jusqu'à leur gaz hydrogène pur.

———

Et quatre-vingts ans après cela, avec quatre-vingts ans de plus de science acquise, dans un siècle qui, à défaut de toute autre excellence assurément, restera comme le grand siècle scientifique, lorsque nous sommes investis par un ennemi mortel,

chez nous, dans la première des capitales
du monde civilisé, ayant tout à notre dis-
position, hommes et choses, y compris un
Institut, nous ne possédons pas un matériel aérostatique militaire, construit *ad hoc*,
qui nous eût déjà été d'un si précieux se-
cours, et qui empêcherait encore tant de
sang généreux de couler.

Et cela encore après l'exemple si large-
ment et utilement renouvelé par les Améri-
cains il y a quelques années à peine, lors
de la guerre de sécession, lorsqu'en mai
1862 le général unioniste Mac Clellan gagna
la grande bataille de Richmund en faisant
relever les mouvements de l'ennemi par la
photographie aérostatique, — ce que nous
avions eu nous-mêmes l'honneur d'expéri-
menter heureusement.

Aujourd'hui tout nous manque, jusqu'au gaz même d'éclairage, si libéra-
lement concédé, par véritable accapare-
ment et même sur appels du *Journal*

officiel, aux braves bourgeois qui désirent décamper et possèdent le moyen de payer leur place en ballon. Et ce que l'on semble nous accorder comme possibilités d'aérostation militaire nous permet si aléatoirement et difficultueusement de tenter quelques essais insignifiants, qu'avec ces conditions d'être presque dérisoires, tout fervent et désintéressé vouloir d'être utile s'énerve et s'affaisse découragé, — que cette grande chose qui s'appelle l'Aérostation militaire va être à jamais condamnée pour n'avoir rien donné dans des circonstances qui lui étaient si exceptionnellement propices à tous les points de vue, — et que nous ne pouvons ne pas nous rappeler cette terrible et mystérieuse parole, attribuée au commandant d'un de nos forts : « — Je tire de temps en temps un coup de canon *pour faire plaisir aux Parisiens...* »

Ont-ils mis assez de temps, hélas! à croire à *notre* défense, dont ils restent encore ébahis, en attendant que demain, ouvriers de la dernière heure, et presque malgré eux, ils s'en attribuent de bonne foi la gloire...

Mais l'heure des responsabilités n'a point sonné, — et je ne voulais ici que rappeler d'abord un souvenir.

Cette même année 1794, six semaines après la création des Aérostiers, — je vous ai dit qu'alors on allait vite, parce qu'on ne doutait pas, — Coutelle était en observation devant Mayence.

Ecoutons-le parler :

« Ayant reçu l'ordre de faire une re-
« connaissance, dit-il, je me portai entre
« nos lignes et la place, à une demi-portée
« de canon. Le vent était fort, et pour lui

« opposer plus de résistance, je montai
« seul avec plus de deux cent cinquante
« livres d'excès de légèreté. J'étais au-des-
« sus de cent cinquante toises d'éléva-
« tion, lorsque trois bourrasques succes-
« sives me rabattirent à terre avec une si
« grande force, que plusieurs des bar-
« reaux qui soutenaient le fond de ma
« nacelle furent brisés. Chaque fois le bal-
« lon s'élevait avec une telle vitesse, que
« soixante-quatre personnes, trente-deux
« à chaque corde, étaient entraînées à une
« grande distance. Si les cordes avaient
« été fixées à des grappins, ainsi qu'on
« me l'avait proposé, il n'y a pas de doute
« qu'elles n'eussent été cassées ou que le
« filet n'eût été rompu. »

« L'ennemi ne tira point. Cinq géné-
« raux sortirent de la place en élevant des
« mouchoirs blancs sur leurs chapeaux :
« nos généraux, que je prévins, allèrent
« au-devant d'eux. Lorsqu'ils se furent

« rencontrés, le général qui commande la
« place dit au général français : — Mon-
« sieur le général, je vous demande en
« grâce de faire descendre ce brave offi-
« cier; le vent va le faire périr; il ne faut
« pas qu'il soit victime d'un accident étran-
« ger à la guerre... »

Et quelques mois plus tard, devant Manheim, dans les mêmes circonstances, un
autre général ennemi envoyait spontané-
ment à Coutelle *l'autorisation de venir
examiner la place, si le général français
consentait à l'y laisser entrer...*

Voilà ce que nous étions en 1794, et
voilà aussi ce qu'étaient nos ennemis,
— les Prussiens, les Allemands, comme à
cette heure.

Pourtant c'était la France républicaine,
j'entends avec la Convention et ses régi-

cïdes, le Comité de Salut Public et même, passez-moi le mot! la Commune, — c'était l'anarchie, comme nous dirions aujourd'hui, — qui combattaient contre le principe monarchique, absolu et de droit divin! Quel formidable respect avions-nous donc alors le secret d'imposer à nos ennemis? La France des sans-culottes et du *Ça ira!* traitée à la *gentleman* et commandant aux Allemands mêmes les façons d'agir et de parler tout comme à Fontenoy!

Et avons-nous donc aujourd'hui mérité de tomber si bas devant nous-mêmes et devant les autres, qu'un meurtrier sauvage ose, à la face du monde civilisé, annoncer la mort qu'il réserverait aux aéronautes porteurs de messages et à leurs passagers, même aux fugitifs! — Non! tout notre sang jusqu'ici répandu, l'incendie, la ruine, le pillage, la lâche reddition, rien encore ne m'avait fait sentir d'une façon aussi cuisante la honte, la honte atroce, lancinante, absolument intolérable, et l'ardente, âcre soif de la vengeance et de l'insatiable extermination ! —Qui donc avait parlé d'armistice tant que nous avons debout un dernier homme, lorsque de pareils scélérats ne sont pas encore à genoux ?

M. Favre a-t-il enfin cette fois séché ses pleurs et mis de côté ses urnes lacrymamatoires ?

Armée et diplomatie, force physique et force intellectuelle comme force morale, l'Empire nous avait assurément réduits bien bas, paraît-il, et il semble aussi que, si bas que nous fussions, nous mettions bien du temps à nous relever. Mais s'il est dit que la grande et définitive épreuve que nous traversons soit loin encore d'être terminée, comme je le pense, — et je dirais même comme je l'espère, si j'avais temps et lieu pour m'expliquer, — pourquoi le Gouvernement actuel n'a-t-il pas rendu tout d'abord impossible, même de la part d'un Bismark, seulement une menace pareille dont la folle cruauté le cède encore à l'insolence? Son devoir n'était-il pas tracé à l'avance sur ce terrain même, vis-à-vis de pareils ennemis? Tout n'avait-il pas été prévu, même cette menace exécrable, dans un rapport adressé au général Trochu, sur sa demande, par un homme qui connaît les Prussiens pour avoir passé captif par les casemates de leurs forteresses?

Ce rapport n'exposait-il pas que les braves gens qui font le métier d'aérostiers encourent déjà deux fois la mort, par la balle du soldat, par la chute du couvreur, et que, devant tout prévoir devant des ennemis pareils, il y avait *nécessité* de les couvrir, en les reconnaissant militairement, contre le danger de la mort de l'espion.

Nous pouvions en effet nous attendre à tout de ce peuple, mouchard et bourreau, qui tout entier nous envahissant par une guerre de race, fusille à bout portant dans sa lâche férocité nos francs-tireurs, nos gardes nationaux, nos paysans, sous prétexte qu'ils n'ont pas je ne sais quelle estampille militaire.

La constitution, ou pour mieux dire, le rétablissement du glorieux corps des Aérostiers militaires de notre première république nous aurait épargné au moins l'impertinence, sinon le danger de cette dernière menace. Mais il aurait fait bien plus encore. Notre sang et notre honneur, — je l'atteste, avec l'histoire ! — eussent été ménagés davantage depuis le premier jour de l'investissement jusqu'à cette douloureuse et incroyable débâcle du Bourget. Planant au-dessus de dix et quinze lieues de terrain, nous vous aurions crié par nos signaux : — Ils viennent, ils sont tant ; accourez ! — Et nos pauvres enfants de la Mobile, dont les Prussiens aujourd'hui vous refusent dédaigneusement même les noms, étaient sauvés !

Et ce qui était plus sauvé encore, c'étaient votre honneur — et votre intérêt, — car, au lieu d'une inexcusable défaite, vous vous vous appuyiez sur un premier triomphe enfin qui rayait d'avance la journée du lendemain 31 octobre — et aussi celle du 1er novembre dont votre gloire pourrait se passer.....

Sur quatre ou six points extrêmes de notre défense, nos observatoires mobilisables n'eussent pas permis de jour ou de nuit de faire un pas hors de votre connaissance à cet adversaire retors, multiple, invisible, qui sait toujours tout de vous quand vous ne savez jamais rien de lui, — et vous rompiez enfin ce pacte avec la Surprise par l'ennemi, pacte lamentable et grotesque

que vous semblez jusqu'ici avoir hérité de l'Empire.

En n'admettant très-scrupuleusement dans ce corps — plus qu'utile, indispensable, — créé pour la durée de la guerre comme le Génie auxiliaire de la Garde Nationale, que des hommes strictement choisis et éliminés, le gouvernement de la Défense nationale eût relevé l'Aérostation, — « cette Science toute française, » comme on disait jadis, — tombée presque immédiatement en 1783 des mains glorieuses des Montgolfier, sur la place publique, entre un tapis de saltimbanque et un trapèze.

En acceptant ce simple, élémentaire moyen d'observation et de rectification, il eût économiquement empêché M. de Bismark même de signaler dérisoirement à l'Europe le « gaspillage inutile et incompréhensible des munitions d'artillerie par le feu des forts. »

De plus, après l'exemple des longs et ex-
cellents services de nos aérostiers de 1794,
exemple confirmé et consacré par les Amé-
ricains de 1862, il se fût gratuitement évité
à l'avance l'une de toutes les formidables
responsabilités qu'il a revendiquées par-
devant sa conscience et par-devant l'histoire, responsabilités de toutes sortes, affir-
matives et négatives, qu'il persiste à revendiquer jalousement et exclusivement pour
lui seul, avec la plus inconcevable et la
plus périlleuse témérité.

En faisant enfin dès le principe des éco-
nomies considérables sur les aérostats mêmes qu'il emploie pour les services publics,
— en soumettant ces services à un con-
trôle *compétent, pratique* et surtout *désintéressé,* — en garantissant nos hommes et
nos dépêches contre le péril de tomber
sans souffle à Ferrières aux mains prus-
siennes, — en les défendant contre la
dangereuse et niaise fantaisie administra-

tive des départs de nuit, — le gouvernement aurait enfin payé du seul paiement acceptable, honorable, l'Aérostation qui, sans reproches, lui a, telle quelle, rendu depuis l'investissement de si grands services.

En résumé, car c'est là qu'il faut toujours revenir, l'intérêt de la Défense nationale avait incontestablement ici tout à gagner; — je me demande ce que le gouvernement pouvait avoir à y perdre.....

———

Trop heureux d'apporter à la République, après laquelle j'aspirais depuis vingt ans, dont j'avais désespéré, le fruit des études passionnées et sans trêve de la seconde et meilleure moitié d'une vie qui commence à se faire longue, qu'il me soit permis de dire qu'après tant de sacrifices de toutes natures à la cause aérostatique je ne pouvais personnellement, je ne puis être que profondément désintéressé dans la question. J'avais donc tenu à stipuler d'abord et à répéter que j'entendais ne rien vouloir pour moi « ni avant, ni pendant, ni après, sous quelque forme que ce fût. »

Tout en persistant à servir même dans les conditions pratiques plus que médiocres où on nous a circonscrits et à revendiquer l'honneur de travaux autrement pénibles et dangereux que les ascensions libres, souffrant d'esprit et de corps des énervements d'une lutte vaine que je soutiens depuis trois mois, je n'en avais que plus le devoir douloureux d'indiquer, si brièvement que ce fût, ce que nous pouvions faire, — d'accuser, navré, ce que nous n'avons pas fait, — et enfin de réserver formellement et fermement pour l'avenir, contre toute accusation injuste, les droits acquis de l'Aérostation militaire.

J'ai donc indiqué sommairement ce que l'on aurait pu faire.

Voyons ce qu'on a fait :

Le Gouvernement de la défense nationale, présidé par M. le général Trochu, vient d'accorder, par décret, 40,000 francs à M. Dupuy de Lôme, académicien, pour un nouvel essai de poisson volant,—à l'heure où, appelé *d'urgence* depuis *deux grands mois* sur *trois* points divers de notre extrême défense par trois commandements différents, je répète et j'affirme que, malgré certains bons vouloirs très-honorables et même puissants, nous ne possédons pas un seul matériel aérostatique spécial en état de rendre d'une façon *utile et suivie* les services si importants qu'on attendait de nous.

Sans rappeler ce principe élémentaire que sous un gouvernement républicain les sciences, non plus que les arts, ne sau-

raient jamais dépendre du pouvoir *simplement* exécutif ;— sans nous étonner davantage qu'en ces matières, si généralement
et profondément ignorées, une question
de cette nature se trouve arbitrairement et
comme par surprise tranchée en fait ; —
sans prédire trop facilement que le chiffre
du crédit alloué sera deux fois insuffisant
pour atteindre seulement le louvoiement
insignifiant et inutile qni nous est pro-
mis, et donttout le *desideratum* se borne-
rait à opérer sans vents contraires, c'est-à-
dire à vaincre l'ennemi absent ; — satis-
fait même à une autre heure et dans
d'autres conditions d'une dépense décu-
ple, si elle devait enfin guérir à jamais
tous les inventeurs de poissons volants de
leurs « espérances chimériques », comme
le prononçait elle-même, il y a quelques
années, l'Académie des Sciences, ce jour-là
dans le vrai ; — nous posons au public la
question que voici :

Au moment suprême où une trop évidente nécessité nous fait le premier devoir de donner d'urgence des *résultats absolument certains* et non de poursuivre des *essais plus qu'aléatoires*, le gouvernement actuel avait-il le DROIT d'abord, la compétence ensuite, de disposer ici de nos deniers, en se prononçant pour nous dans un cas de doctrine scientifique ?

Cette question posée est, par cela seul, résolue. — Incompétence en droit.

Incapacité en fait. — En ces matières tellement spéciales et jusqu'ici tellement dédaignées que les plus savants théoriciens en ignorent les premiers éléments, le public doit apprendre et connaître que le nouveau poisson volant, offert à la défense nationale par M. Dupuy de Lôme, de l'Institut, est absolument, avec ou sans variantes, le même poisson volant que l'on retrouve à chaque feuillet dans toutes nos collections de documents anciens et nouveaux relatifs à la navigation aérienne. Il naît presqne en même temps que les Montgolfier, dès le 3 septembre 1783, avec le général Meusnier, six mois après la première expérience d'Annonay, et depuis, chaque jour, chaque heure, pour ainsi dire, il pullule en tous les pays, toujours le même, imperturbable et infaillible comme il est ubiquiste, chaque fois convaincu de sa spontanéité et chaque fois échouant lamentablement ; n'ayant rien oublié, puisqu'il n'a jamais rien appris de l'innombrable et dérisoire série de ses déconvenues antérieures.

En les circonstances présentes, surtout, et à défaut d'une voix plus autorisée, nous avons devant nous à tous les points de vue, sauf, bien entendu, le point de vue personnel, le devoir de laisser au gouvernement seul la responsabilité de son décret.

Au nom des travaux anciens des Meerwein, Euler, Huber, Chabrié, du Suédois Tollin, Dubochet, etc.;

Au nom de la Société française d'encouragement créée par nous en 1863 et de ses adhérents, MM. Babinet, Emm. Liais, Jourdan (de Lyon), Béléguic, Laubereau, Landur, Van Monckooven, d'Esterno, Arw. Salives, de Semalé, Pline, de Lucy, de Lalandelle, Ponton d'Amécourt, L. Grandeau, A. Sanson, Telescheff, etc.;

Au nom de la Société britannique, créée en 1866 sur les mêmes principes que la nôtre par le duc d'Argyll, — un ministre qui est un savant, — avec l'illustre Glaisher et l'élite de Greenwich et des instituts divers;

Au nom de la Société lyonnaise créée en 1867 par l'ouvrier mécanicien Michel Loup;

Au nom des forces et lois physiques **qui** nous régissent, d'après lesquelles, élémentairement, le principe de l'ascension sous le vent des corps spécifiquement moins denses que l'air est précisément le principe qui leur DÉFEND à tout jamais de lutter contre le vent, — forces et lois qui interdisent aux chercheurs de la navigation aérienne toute décevante assimilation entre deux milieux de nature absolument différente, l'un indéfiniment élastique, l'autre rigoureusement incompressible ;

Au nom de la science nouvelle, acceptée et déjà affirmée par les meilleurs et les plus doctes esprits de ce temps, et qui, simplement et sûrement basée sur l'observation des phénomènes naturels, a démontré l'unique voie à suivre par l'emploi exclusif des appareils *graves* ;

Au nom de l'expérience si cruellement

payée par tant d'inventeurs successive-
ment et toujours inexorablement déçus ;

Au nom enfin de toutes les compétences
pratiquement et chèrement acquises ;

— Je proteste contre l'allocation pécu-
niaire accordée à M. Dupuy de Lôme,
membre de l'Institut, par le Gouvernement,
et contre-signée par M. le ministre actuel
des Cultes — et même de l'Instruction publique !

NADAR.

Paris, du Poste des observations militaires d'Auteuil,
hôtel Erlanger, le 26 octobre 1870.

P. S. On m'assure que M. Dupuy de
Lôme, qui a construit pour le gouvernement impérial nombre de bâtiments à hé-
lices, entre autres *la Gloire*, et qui fait
aujourd'hui solder par la République ses

rêves d'aérostier en chambre, serait *plus que millionnaire?....*

En ce cas, et par droit personnellement acquis et payé, je proteste deux fois.

N.

———

(1483-70) Paris. — Typographie A. Pougin, quai Voltaire, 13

www.ingramcontent.com/pod-product-compliance
Ingram Content Group UK Ltd.
Pitfield, Milton Keynes, MK11 3LW, UK
UKHW021257180726
13837UKWH00007B/1946